비탈에 대한 묵상

비탈에 대한 묵상

한성운 시집

창연

| 시인의 말 |

그런즉 한 범죄로 많은 사람이
정죄에 이른것 같이
의의 한 행동으로 말미암아
많은 사람이 의롭다 하심을 받아
생명에 이르렀느니라
  – 롬 5:18

성자, 승우, 승민,
그리고 지금 시집을 펼친 당신에게

      2025년 여름의 초입에
         한성운

| 차례 |

시인의 말 • 05

제1부

최후의 액자 • 13
심판관들 • 15
무인텔 • 16
수화^{手話} • 17
비탈에 대한 묵상 • 18
엘 콘도르 파사 El Condor Pasa • 20
저녁의 문장^{文章} • 22
날개 • 23
주유원 • 24
한 손이 다른 한 손을 잡는다는 건 • 26
연애의 시작 • 27
책벌레 • 28
미래자원 고물상 • 30
안검내반 • 32
반백^{斑白} • 34

제2부

아내가 ON 후 • 37
식사법 • 38
마중 • 39
구름의 본향本鄕 • 40
걸음마 • 42
장정裝幀 • 43
거짓 선지자 • 44
해체쇼 • 46
영주 누나 • 48
봄눈 • 50
오래된 시집詩集 • 51
골목 • 52
K문고로의 산책 • 54
독서讀書 • 56

제3부

몽유夢遊 • 59
지명 수배자 • 60
확성기 • 62
가족 • 64
생강차 • 65
이사 • 66
발치拔齒 • 67
숨바꼭질 • 68
나무 • 69
천사를 본 적이 있다 • 70
시인은 죽지 않는다 • 72
민방위훈련 • 74
조화造花 • 75
일요일 • 76

제4부

무소불위^{無所不爲} • 79
물, 비 그리고 구름의 현상학 • 80
에스컬레이터 • 82
대화^{對話} • 83
유산^{遺産} • 84
운동 • 85
노인들 • 86
The pen is mighter than the sword • 88
변신^{變身} • 90
별이 빛나는 밤 • 92
마태복음 6장 34절 • 93
21그램 • 94
천국 영화관 • 96
하나님 • 98
마지막 한마디 • 99
승천^{昇天} • 100

시집 해설_기울기의 은총에 대한 시적 고찰 • 101
— 임창연(시인·문학평론가)

* 본문 페이지에서 한 연이 첫 번째 행에서 시작될 때에는 < 표기를 합니다.

제1부

최후의 액자

그에게 액자가 생겼다
남들이 쉽게 가질 수 없는
자격증을 취득한 이후의 일이었다
액자는 그에게 직장을 마련해주었고
맞선을 주선했으며 성공적으로 결혼을 성사시켰다
이윽고 액자는 위임장과 표창장을 낳았고
그는 꽤 많은 액자들을 소유한 지역의 유지가 되었다
액자들을 위해 그는 높고 널따란 벽을 사들였으며
사람들은 그 액자들 앞에서 머리를 수그렸다

마침내 앰뷸런스 문이 열리고 그가 지하로 내려왔다
그를 위해 마련된 액자는 그의 상반신만을 허락하였으므로
그의 팔은 그가 가진 액자들을 헤아리고
관리하기 위해 자식들에게 상속되었고
그의 다리는 그가 액자 밖으로 달아나지 못하도록
그가 걸음을 멈춘 길의 끝에 우두커니 세워 두었다

지금 그는 액자 속에 있다
사람들은 그가 어색한 웃음을 머금은 채 들어가 있는
액자에 마지막으로 모자를 벗고 머리를 수그렸다
액자는 사흘이 지나면
가차 없이 액자의 주인공을 바꿀 것이다

<
원하지 않아도 누구나
검은 리본이 달린 액자를 소유하게 되는 것이다

심판관들

어느덧
生의 가을을 지나
돌이키지 못할 계절이
오고 있다고
일제히
옐로카드를 꺼내 든 은행나무,

조금 떨어져
이미 늦었노라
날카로운 눈매를 가진
단풍이 절레절레 흔들고 있는
레드카드,

하늘엔
폐업을 앞둔
지구를 백업하려고
神이 띄운 스캐너, 구름이
미처 저장하지 못한
지상의 이곳저곳을
기웃거리고

무인텔

길가에 모텔이 하나 있다
무인텔이다

토요일 늦은 오후,
남자와 여자가 탄 차 한 대가
성급히 무인텔을 빠져나가고
주차장엔 미처 용무를 마치지 못한
빈 차가 세 대 서 있다

무인텔은 사람을 허락하지 않는 곳,
어쩌다 이곳에 잘못 발을 들이면
들키지 않게 방 문을 꼭꼭 걸어 잠근 채
사람으로 오인될 만한 안경이나 신발,
겉옷이나 속옷마저 벗어 버리고
말이 새어 나오지 않도록 입술을 꽉 깨무는
재갈의 시간을 보내야 하는 것이다

길가에 모텔이 있다
그곳은 사람이 살지 않는 무인텔이다
차를 타고 가다 한순간에 핸들을 꺾으면
좀처럼 빠져나오기 힘든
죽음의 무인도로 접어드는 길이 하나 있다

수화 手話

아버지 살아생전 아들 집에 다니러 온 당신을
아침 출근길에 가까운 지하철역에 내려드린 적이 있다
어서 들어가시라고 한 아들의 말은 먼저 보내고
아버지는 한참을 내린 그 자리에 서서 손을 흔드셨다
나는 차를 타고 가며 사이드미러로 아버지를 보았다
아버지는 키가 작아지고 점점 몸도 줄어서
구름이 분주히 산을 옮기고
언덕이 쉬엄쉬엄 해를 밟고 오르며
사람들이 자꾸 국경을 넘어 어디론가 탈출을 시도하는
볼록거울의 나라에서 허리 굽은 백성으로 남았다
어쩌다 아버지가 생각나는 날이면
아버지는 여전히 그 역전에 서 계신다
멀어져 가는 아들을 조금이라도 더 훔쳐보려
무언가를 자꾸 닦아 내려는 것인 양
와이퍼처럼 손을 흔들며

비탈에 대한 묵상

겨울 산을 바라보다 알게 되었네
비탈과 비탈이 만나
산으로 오르는 길을 만들고
힘겨운 줄다리기를 하고 있다는 것을
산등성에 선 나무들이
발을 헛디디거나 넘어지지 않게
온몸을 뒤로 젖혀
단단히 붙들고 있다는 것을
산의 가파름만큼 기울어진 그의 몸이
사실은 무릎을 꿇고 낮게 엎드려
기도하는 자세라는 것을
산을 오르다 포기하고 돌아가고 있는 비탈에게
잠시 바람에 기대어 쉬고 있던 비탈이
먼저 손을 내밀어 산의 계단을 쌓고
산 주변을 서성이는 것들의 발걸음을
산정山頂 가까이 옮기고 저물어
별들이 뜨게 하는 것을
창가에 서서 오래 산을 바라보다 알게 되었네
산이 시작되는 곳에 비탈이 있고
산을 오르기 위해서는
누구나 비탈에 서야 한다는 것을
비탈에 서면
비탈이 우리를 데리고

먼 산을 함께 오른다는 것을

엘 콘도르 파사 El Condor Pasa*

아버지와 엄마와 누나들과 어린 내가 살았던
삼 층 단칸방에 새 한 마리가 날아든 적이 있었지
아버지는 다음날 새장을 사 왔고
새를 넣어 창가에 두었더니 공중에
작은 방 하나가 생겼어
나는 자주 그 방에 올라가 놀았는데
새가 울 때마다 엄마가 아파
시무룩하던 단칸방 한구석이 환해지고
방 한구석이 어린 새의 날갯짓에
기우뚱 떠오르기도 했어
그래 오래전 일곱 식구가 한 식탁에 둘러앉아 밥을 먹고
나란히 누워 잠을 자던 목조 다다미방에
새 한 마리가 날아든 적이 있었어
그때 새는 작은 방 하나를 물고 왔고
나는 그 방에서 행복한 한때를 보냈어
그러던 어느 날 구멍 난 우리 집 문풍지를
함부로 넘나들던 바람처럼 새는 날아가고
단칸방은 이내 텅 빈 새장이 되어 버렸지
새는 어디로 날아간 것일까?
아마 새를 부르는 한 아이가 있었을 거야
새는 그 아이에게로 내가 놀던
그 작은 방을 물고 갔을 거야
아이는 사다리도 없이 그 방에 올랐을 거야

캄캄한 밤 중에도 새가 노래하는
그 방은 마을에서 환했을 거야
새의 울음으로 빛났을 거야

* '철새는 날아가고'란 번역으로 알려진 사이먼 & 가펑클의 노래 제목

저녁의 문장 文章

어스름의 저 구름은 밥 먹고
습관적으로 산책 나온 게 아니다
물론 바람이 떠민 것도
당신이 고개를 들지 않을 때도
하늘을 통역하는
저 구름의 수화手話를 보아라
리허설도 없이 흩어졌다 뭉치는
구름의 군무群舞를
자세를 바꿔가며
필사적으로 적어놓은
오, 저 저녁의
유서遺書들을

날개

 한 사내가 가로수 아래 잠시 머뭇거리다 가방에서 어려운 발음을 연습 중인 혀처럼 말려 있던 현수막을 꺼내어 나무와 나무 사이에 걸고 있다

 사내가 나무에 건 네 개의 현수막 끈 가운데 마지막 한 줄을 힘껏 당기자 주춤하던 아파트 한 채가 순식간에 준공되고 현수막 한편에서 몰래 가격과 평수를 외우고 있던 문구가 허겁지겁 내레이션 모델처럼 허공에서 속삭이기 시작한다

 난생처음 구경꾼들 앞에 선 현수막이 긴장한 듯 바르르 제 몸을 떤다 이제 막 다른 현장의 철거 작업을 마치고 도착한, 좀처럼 게으름을 피울 줄 모르는 공공근로자 바람이 새로 걸린 현수막 앞에서 숨을 고르며 현수막의 내용을 검열하고 있다

 잠시 후 사내도, 사내가 방금 달고 간 현수막도 보이지 않는다 현수막 내부에서 자꾸 파닥이는 무언가를 꺼내려 나무가 양 끝에서 현수막을 쥐고 흔들자 현수막이 감쪽같이 공중에서 사라진 것이다

 제 날개를 떼어 나무에 매달고 가는 사내를 본 적이 있다

주유원

그는 자동차에 기름을 넣는 사람이다
그는 휘발유차에 경유를 주유한 적도 있다
그는 가끔 실수를 하는 사람이다

얼마 전 그는 자동차에 기름 대신 구름을 넣었다
하늘을 나는 자동차나
미확인 비행물체에 관한 뉴스를 본 적이 있지 않나?
그의 실수다

그는 자기가 듣고 있던 노래를 채우기도 했다
그것도 가득,
떠들썩한 랩이 보닛을 들썩거리며
길을 출렁이게 하는 걸 본 적이 있다면
그렇다 그의 실수다

간혹 정지선에서 창문을 내릴 때
옆 차선 조수석에서 물끄러미 당신을 관찰하고 있는
바셋하운드와 눈이 마주치기도 했을 것이다
짐작했겠지만 그날 그가 넣은 것이다

그는 또 어쩌다 풍선을 주입하기도 했다
길을 가다 차가 거짓말처럼 멈추고
공구를 꺼내기 위해 트렁크를 열었을 때

푸하하 오래 숨을 참은 풍선들은 솟아오르고
함께 가던 여자는 깜짝이벤트라 즐거워하는 사이
그 옆에 당혹스러운 표정을 감추며
주머니 속에서 다른 여자에게 선물하려던 반지를
슬그머니 꺼내고 있는 저 능청스러운 사내를 보라

그는 주유하다 말고 갑자기 무언가를 메모하는 사람이다
어떤 사람은 그가 발명가라 했고
전직 대기업 간부라고도 했으며
무명 시인이라 말하는 사람도 있었지만
그는 사거리 모퉁이 주유소에서 기름을 넣는 사람
주유하다 가끔 실수하기도 하는
그래 오늘 당신이 주유소에서 본 바로 그 사람이다

한 손이 다른 한 손을 잡는다는 건

아내와 산책을 하다
약속한 듯 서로의 손을 잡고 걸었습니다
작은 한 손과 그보다 조금 더 큰 한 손이
우주의 어느 한 지점에서 서로를 비껴가지 않고
맞잡을 수 있음이 기적입니다
가을이 손끝에서도 물들어 오는지
아내의 손끝이 시립니다
오래전 처음 이 손을 잡았을 때
부끄러운 제 손을 거두지 않은 고마운 손입니다
간혹 아내가 제 손을 저 역시 아내 손을
놓아버리려 한 날이 없었겠는지요
언젠가 서로가 포갠 두 손에서
한 손이 먼저 빠져나가 허전한 손을 흔들며
혼자 걸어가야 할 시간이 올 것입니다
눈을 가린 채 배우자의 손을 찾아내던
TV 프로그램이 생각나 아내의 손을 다시 잡아봅니다
아직도 제 손은 아내를 기억하지 못합니다
아내가 잡아주지 않았다면 도킹에 실패한 우주선처럼
궤도를 벗어나 어둠 속을 아득히 떠돌아다녔을 손입니다

연애의 시작

약속도 없이 너와 내가 만나
연애가 시작되었네
연애가 시작된 줄도 모르게,

연애의 시작이 능숙하다면
연애의 시작이 아니지,
연애의 시작이 서툴지 않다면
그건 연애가 아니야

연애의 시작은 서로의 시간을 맞추는 일,
혼자 걷던 길 위에 두 개의 긴 그림자를 남기는 일,
지는 노을에 하나로 물드는 일,
너의 집으로 가는 길을 익히는 일,
그 길에서 네 목소리만 듣는 일,
서서히 손끝으로 심장이 쏟아지는 일,
그 두근거림으로 별들이 반짝이는 일,
흔들리는 손끝이 다른 손끝에 닿을 때
네 손의 쓸쓸함을 아는 일,

약속이나 한 것처럼 너와 내가 만나
연애가 시작되었네
연애의 시작이 이별의 시작인 줄도 모르고

책벌레

책에 벌레가 산다
지식을 먹고 사는 벌레다

시를 좋아하는 벌레도 있고
권모술수에 능한 벌레도 있다
돈을 버는 방법에 대한 책을 펴냈다는데
돈이 없는 벌레가 대다수다
화려한 연애를 자랑하지만
실은 소설책에서 훔쳐본 것이다

벌레는 독서량이 뛰어나
쉼표나 마침표,
물음표와 느낌표,
자음과 모음을 가리지 않고 먹어 치운다
벌레가 꿈꾸는 건 책이 없는 세상
말하자면 녀석은 독서계의 혁명가이다

하지만 햇빛과 구름과 바람과
천둥과 번개와 꽃의 향기를 맡는 순간
벌레가 알던 모든 지식은
한순간에 죽은 지식이 된다

책에서 벌레가 나왔다

오래 종이 상자에 넣어두었던
활자가 굼틀, 부활했다

미래자원 고물상

미래자원 고물상 마당 한편에서
백발이 성성한 김 씨가
리어카 바퀴에 바람을 넣고 있다

이곳저곳 구르다 보니
모가 나면 제대로 굴리기 힘들다는 걸
김 씨는 꽤 먼 길을
덜커덩거린 후에야 깨닫게 되었다

어떤 물건을 담았었는지
치매에 걸려 잊어버린 납작한 종이박스나
이리저리 차이며 왕따를 당해 찌그러진 깡통,
늙고 병들어 더 이상 바람을 피우지 못하는
전직 제비 선풍기 선생도 이곳에선 환영이다
간판이 말해주듯 미래자원 고물상에 캐스팅되면
모두 미래의 소중한 자원으로 재탄생되기 때문이다

그 미래자원 고물상의 제법
잘 나가던 길거리 캐스터인 김 씨가
요즘 들어 부쩍 실적이 저조해
풀이 죽은 리어카 바퀴에 바람을 넣고 있다

인공호흡을 시키듯 연신

에어펌프를 눌렀다 잡아당기며
주저앉았던 김 씨의 몸을
다시 일으켜 세우고 있다

안검내반

나는 아버지를 닮아 속눈썹이 긴 아이,
찡그리거나 눈을 감은 사진이 많았다
개구쟁이였나 봐요? 당신은 말하지만
안검내반^{眼瞼內反},
나의 일부가 나의 전부를 찔렀기 때문이었다
나는 자꾸 내 안을 들여다보려는
왼쪽 속눈썹을 피해 더 안쪽으로 숨은 아이,
나를 괴롭히는 동네 형에 대해 오래 이야기하지 않았다
그건 남몰래 후리덤*을 사 오라던 누나들의 심부름과 같은 거라 생각했다
햇빛이 많은 날엔 무엇을 잘못했나
그늘 아래 엎드려 반성문을 쓰고 싶었지만
죄의 목록이 잘 떠오르지 않아
시린 눈을 감고 억지 잠을 청하곤 했다
잠이 들면 나보다 길고 어두운 속눈썹을 가진
저녁이 물끄러미 와서 나를 깨웠고
속눈썹과 함께 조금씩 내 키도 자라 있었다
몇 밤을 더 자고 일어나야 내 눈은 눈물을 흘리지 않고
유리알처럼 투명하고 단단해지는 걸까?
안검내반^{眼劍內反},
내 눈에 한 자루 검劍이 숨겨져 있었다
나를 만진 사람이 자주 베였고 그 검으로 나를 베고 살았다

상처가 우리들 생^{生}의 스승이라면
나는 질문이 많은 내 눈썹의 수제자였다

* 후리덤: 1970년대 판매되었던 생리대

반 백 斑白

엄마가 차려준 이른 저녁을 먹고
소년은 잠이 들었다
깨어나니 밤은 깊었고
엄마는 어디 갔을까
침대 벽에 몸을 기댄 한 여자가
티브이 화면 불빛에 켜졌다 꺼지고 있었다
얼른 집에 가야지 일어났지만
얼마나 오래 참은 것인가
소년이 화장실에서 볼일을 보다
문득 쳐다본 거울 속에
머리가 하얗게 센 중년의 남자가 서 있었다
소년의 죽은 아버지를 닮은 사내였다

제2부

아내가 ON 후

문을 열고 아내가 집에 들어서니
건망증이 심해진 현관 센서등이
생각난 듯 아내를 켠다
아내가 막내를 부르자 TV를 보며 꺼져 있던
나와 큰아들이 벌떡 켜지고
만성비염을 앓고 있는 빨래통이
시원하게 비워지며 세탁기가 켜진다
목감기로 종일 잠겨 있던 수도가 물소리를 켜고
부엌칼이 도마 소리를 후다닥 켜서
주방이 방주처럼 아내를 싣고 둥실 떠오른다
고기 굽는 냄새가 엊저녁부터
다이어트를 결심한 밥솥에 압력을 넣어
따듯한 밥이 밥그릇에 전등처럼 켜지면
빈 의자가 밥 먹자고 부르는 소리에
노래를 듣다 탯줄 같은 이어폰에 감겨
잠들었던 막내가 가장 뒤늦게 켜져
느낌표 같은 숟가락을 저마다 들고
식탁에서 함께 모이는
저녁이 왔다

식사법

밥 먹을 땐 딴짓 말고 밥을 먹어야 한다
밥의 따듯함, 밥 지은 이의 마음을
천천히 맛보아야 한다

밥 먹을 땐 입안 가득 밥을 읽어야 한다
햇살과 바람이 쌀에 비벼 놓은 문장,
밤새 반짝이며 쌀에게 모스 부호를 치던
별들의 이야기를 읽어야 한다
모락모락 식탁 위에 떠가는 밥의 구름,
뜨거운 밥의 고백인 저 밥의 춤을 보라

밥 먹을 땐 온전히 밥만 먹어야 한다
밥의 힘이 나의 힘이 되고
밥의 뜨거움이 나의 뜨거움이 될 때까지
내가 밥을 먹고 밥이 나를 먹어
밥그릇 위에 봉긋하게 솟아오른 밥처럼
둥근 무덤을 완성할 때까지

마중

일찍 귀가한 날
버스정류장에 나가 아내를 기다리네
한참을 서성이다
아내보다 잠이 덜 깬
별 하나가 먼저 도착하고
이윽고 숨이 찬 우체부처럼
저만치 버스가 와서
아침결에 부쳤던 아내를
반송된 편지처럼 꺼내 놓고 가네
짐을 받아 들고
아내가 안고 온 저녁의 무게와
그 저녁을 배경으로 흐릿하게 적혀 있는
아내를 곰곰이 읽으며 걸어가다
아내의 그림자가 노크도 없이
내 그림자로 들어오네
어두운 그늘이
더 어두운 그늘 안으로 들어와
등燈을 켜네
아내와 함께 집으로 가는 길이
둘이 밝혀 놓은 그림자로
환해지네

구름의 본향 本鄕

나는 구름의 애독자,
아침마다 집 앞으로 배달되는
구름을 펼쳐 읽는 것으로 하루를 시작하지

나의 양식은 구름,
한 그릇의 구름이면 이 아침이 든든하다네

나는 구름이 찍어 놓은 발자국들을 따라 여기까지 왔네
내가 길을 가다 문득문득 멈춰 하늘을 바라보는 건
내 안의 구름들이 순례를 마치고 돌아갈
하늘의 주소를 더듬어 고개를 들기 때문이지

눈을 뜨면 간밤의 꿈이 기억나지 않았네
내가 꾼 꿈들은 모두 구름을 뭉쳐 만든 꿈
구름은 머무르지 않고 자꾸
자기를 지우며 흩어져 갔네

오늘 내가 바라본 구름의 일부는
어제 죽은 자들의 것이었고
그들이 남긴 유서 같은 구름의 문장들을 읽다
내 눈에서 울컥,
구름 방울들이 쏟아지는 날이 많았네

<
오, 시간이 내 육체의 틈을 벌려
나를 허물고
내 안의 구름들을 조금씩 꺼내어
하늘 가까이 옮기고 있네

내 머리가 점점 하얗게
구름으로 물들어 가고 있네

걸음마

납작 엎드려

밑바닥 세계를 배우던 아이가

조심스레 몸을 일으켜 세우자

걸음을 잠시 멈추고 아이와 함께

바닥을 기던 지구가

아이의 발끝에 위태롭게 매달린다

아이가 첫걸음을 떼고

아슬하게 다음 발걸음을 내딛자

숨을 멈추고 아이를 지켜보던

지구가 뒤로 물러서며

천천히 천천히

자전을 시작하고 있다

장 정 裝幀

아름다운 시집을 한 권 가졌으면 했다
잠이 들 무렵 누워 펼치기 좋은 시집,
읽다가 몽롱해져 머리맡에서 함께 잠이 드는 시집을

슬픔도 기쁨도 아닌 것이
밀물도 썰물도 아닌 것이
따듯한 밥도 악수도 아닌 것이

잠이 들면 시집에서 새소리가 들리는 것이
부스럭대며 오래 서성이던 발자국이
문을 넘지 못하고 다시 돌아서는 소리가 들리는 것이
시집을 넘기면 추억이 찐빵처럼 부풀어 오르는 것이

너를 생각하며 시를 쓰다 잠이 들었다

거짓 선지자

한 마을에 성자聖者라 칭송받는 이가 살았다
그의 옷은 단벌이었으나 하이타이처럼 깨끗했다
닳은 신발 굽은 요란한 소리를 내지 않았다
그의 시詩는 부드러워 상한 심령들을 쓰다듬었고
가출한 아이들을 비둘기처럼 돌아오게 하기도 했다
집집의 서가書架에는 그의 격언집이 꽂혀 있었고
예배마다 자주 그의 잠언箴言들이 인용되었다
번역할 수 없는 방언 같은 그의 노래는
오래 병들어 누운 자를 벌떡 일으켰으니
마을의 확성기에선 아침부터
그가 만든 노래가 새마을운동처럼 울렸다
간혹 그가 고급 스포츠카를 모는 폭주족이며
여성 편력이 심하다는 소문이 돌기도 했으나
그는 성욕조차 없는 자, 성자였으므로
마을의 아낙들을 끌어안고 볼과 이마에
입맞춤하여도 사내들은 질투하지 않았다
그런 그가 주술사였고 그의 기적이
흑마법이었다는 소문이 돌자 그는 하루아침에 죽었다
그의 부음訃音을 사람들은 쉽사리 믿으려 하지 않았고
그저 자는 것이라 생각하는 이들도 있었지만
그의 노래를 그의 귓가에 들려주어도
그는 끝내 일어나지 않았다
수치를 못 이겨 그가 자살했다는 이야기도 들려왔다

살아생전 그는 밤마다 알 수 없는 주문呪文을 외웠고
사람들의 마음을 사로잡는 문장은
공중에서 검은 손이 내려와
그의 이마에 적어주고 간 것들이라고도 했다
그의 노래를 들으면 귀가 먹고
그의 글을 읽으면 서서히 미치게 된다는
정신과 의사의 진단이 있었으나
그건 정신병에 걸린 자의 오진이라 여길 뿐
아무도 그가 누구였는지 의심하는 사람은 없었다
그의 책은 여전히 그 마을의 권장도서였고
그가 만든 노래를 흥얼거리며 아이들은 어른이 되었다

해체쇼

포스트모던한 선생들이
자크 데리다의 해체주의를 가르치면서
시가 해체되고
소설이 해체되고
말이 해체되어서
침묵이 완성되었다

남자가 해체되어 게이가 되었고
여자가 해체되어 애인이 쉽게 떠나갔다

악은 선이 되고
선은 엿이 되어서
아이들은 입에 담기 힘든 욕설을 서슴지 않았다

참치 해체쇼를 벌이듯
해체에 능숙한 칼잡이들이 나타나
교실을 해체하고
남자와 여자를 해체하고
결혼과 연애를,
군대와 철책을 해체해서
끝내 나라가 해체되기 시작했다

데리다를 공부하면서

데리다를 도무지 이해할 수 없었던
 나는 화장실을 간다며 해체된 강의실을 빠져나와
 나를 자꾸 데리고 산으로 갔다
 산에 오르면 새는 분명히 새의 목소리로 먼 새를 부르
며 날아올랐다
 나무는 각각의 나무의 이름 끝에 무성한 잎사귀를 피
우며 반짝였고
 산길은 자신이 걸어가 본 만큼 희미한 길을 분명히 내
고 있었다

 데리다를 생각하면
 데리다의 입에 풀리지 않는 자크를 채워주고 싶다

영주 누나

내게는 누나가 있었네
여덟 살에 머물다
마흔이 갓 넘어 세상을 떠난,
동네 아이들이 바보라 놀리던

꼬깃꼬깃 모아놓은 용돈을 달라하면
싫다고 뒤로 감추다 오래지 않아 '자' 하고 내밀던,
구운 김에 밥을 싸서 작은 손을 조몰락거려
소꿉장난처럼 주먹밥을 만들어주던 누나

국민학교를 겨우 마치고 중학교에는 진학을 못 해
언니들도 학교 가고 동생인 나마저 등교하고 나면
선생님도, 친구들도 없는 단칸방에
홀로 학생이 되어 앉은뱅이책상에서 종일
저학년 국어 공책에 종이인형을 오려 붙이거나
ㄱ, ㄴ, ㄷ, ㄹ, ㅏ, ㅑ, ㅓ, ㅕ
지루한 시간을 빈칸에 채워 넣으며
국민학교 1학년 과제를 반복하던,

누나가 쓸 줄 아는 글자는 자기 이름 한영주,
아버지와 엄마, 남동생인 나와 언니들의 이름
아니지 우리 누나 30년이 넘도록 책상물림이었으니
영희와 철수, 아마 바둑이까지도 알았을 거야

근데 ㄱ에 ㅏ가 더해져 가가 되고

모음과 자음이 어떻게 만나 영주가 되고
여자가 되고 봄, 여름, 가을, 겨울이 되는지
아무리 알려줘도 이해하지 못하고
그렇게 평생을 몇몇의 이름만 외워 그리던 누나,
내 등에 급히 업혀 실려 온 병원에서
마지막으로 하늘이 한번 보고 싶다 했지만
창이 없는 응급실에 누워 있다
끝내 사흘 만에 우리 곁을 떠난,

내게는 누나가 있었네
나쁜 사내와 연애도 한 번
거친 입맞춤도 못 해 본 여자가 하나 있었네
입관하기 전 아무도 몰래
누나의 차가운 입술에 내 입술을 갖다 대었네
그때는 그렇게라도 해주어야 한다고 생각했었네

나는 이제 하나님을 믿고
예수님을 모르면 천국에 갈 수 없다는 걸 알지만
그래도 딱 한 사람,
영주 누나만큼은 조르고 싶네
우리 누나 꼭 천국에 있게 해달라고
천국에서 나중에 만나게 해달라고
하나님께 땡깡을 피우고 싶다네

봄 눈

할 말이 있다는 듯 내렸다
책망의 말인 듯
그러나 거칠지 않게
용서의 말인 듯
그러나 떨리는 목소리를
다 감추진 못하고
조금 늦었지만
들어보라는 듯
잠시 모든 걸 멈추고
귀 기울여 보라는 듯
무언가
잊었던 말이 있었다는 듯

불쑥

내렸다

오래된 시집 詩集

종이상자에 넣어두었던
시집을 꺼내어 읽는다
불에 닿으면 감추었던 문장을
살며시 보여주는 비밀편지처럼
이해할 수 없었던 고백들을 다시 듣는다

책갈피 사이를 들락거리던 시간이
시를 외우고 읊조리며 겸손해지는 동안
낡고 바랜 시집은
시집이 되기 전의 기억을 더듬어
나무의 색으로 되돌아가고

색이 바랜 시집을 펼친다
나무의 몸을 열어
잎사귀에 적힌 시구詩句들을
가만히 들여다본다

모든 시는 낙엽 위에 쓰여진 것이다

골목

숨바꼭질을 하다 발이 잡아당겨
소년은 길의 안쪽으로 꺾어 들었다
거기 처음 보는 골목이 있었다
허겁지겁 소년을 따라온 그림자가 숨을 고르고
소년의 심장 박동이 잠깐 골목을 열었다 닫는 사이
골목 안을 기웃거리던 술래를 골목이 마저 밀어내고
입이 과묵한 구름이 소년을 못 본 체
시치미를 떼고 지나는
자궁처럼 아늑한 골목이었다
야도 야도 소리만 간간이 높은 담을 넘어오다
순식간에 황혼이 출근하고
이어서 퇴근하는 긴 그림자들로
골목이 점점 어두워져 올 무렵
밥 먹어라
멀리서 엄마가 부르는 소리가
용케 소년을 찾아 집으로 갔지만
소년은 골목에 혼자 두고 온 심장 소리가 생각나
다락방에 오르고 장롱 속에서 깜빡 잠이 들기도 하다
어느 날은 막다른 길이 있는 먼 곳까지 가서
작은 창문을 열어 소녀를 만나고
오래전 골목에 함께 있던
그림자를 닮은 아이를 낳았는데
소년은 지금 그림자도 따라올 수 없는

좁다란 골목에 숨어
엄마가 찾는 소리를 기다리며 누워 있다

K문고로의 산책

K문고에 오면
책을 읽다 나를 잃는다
종종 책과 함께 내가 실종된다
절판이다

무심코 책을 펼칠 때
어떤 문장은 순식간에 나를 읽는다
들키지 않으려면 바로 책장을 덮거나
아예 그 책을 매수해 입을 막아야 한다
오늘의 매출이다

책을 사지 않고
끝까지 서서 읽고 가는 사람이 있다
독한 사람, 독자毒者다

간혹 신간 서적 코너 주변을 오래 서성이는 이들이 있다
결정 장애자라고 오해하겠지만 천만에
출판사 관계자거나 저자다
신간 서적 코너가 늘 수상하게 붐비는 이유 중의 하나이다

나는 몰래 나를 유기하러 K문고에 왔다

덜컥, 새로 발간된 책들에게 발각되고 만다
계산대에 선 줄이 오늘 제법 긴 까닭이다

독 서 讀書

책처럼 펼쳐진 창문이
하늘을 읽고 있다

낡은 창문이 기침을 할 때마다
창틀에 끼어 있던 살찐 구름들이
조금씩 창문의 시선 밖으로 달아나고 있다

하늘 한쪽이
걱정처럼 성큼 어두워 오고
젖은 구름, 비가 내리자
창문이 하늘을 덮고
창가에 앉아 구름을 읽고 있는
나를 다시 천천히
펼쳐 읽고 있다

제3부

몽유 夢遊

시집을 읽다 잠이 들었다
잠든 사이
한 여자가 시집을 펼쳐
연애가 시작되었다
시를 읊조리다
여자는 아이를 갖게 되었다
아이는 자라
아버지를 닮은 시가 되었다

시집을 읽다
깜박, 잠이 들었다
읽다 만 시집 갈피 사이에
내가 접혀 있었다
접힌 다리를 펴자
꿈이 깨었다

시집이 침대에서
툭, 떨어진 것이다

지명 수배자

그가 무엇을 잘못했는지 아는 사람은 없었다
어떤 사람은 그가 법 없이도 살 사람이라고 의아해했다
그런 그에게 수배령이 내려졌다

이후 그는 해를 똑바로 쳐다보는 잘 닦인 검정 구두나
입이 과묵한 넥타이,
해박한 지식을 자랑하는 두꺼운 안경으로 자기를 가렸고
때론 거울이 정성껏 그려준 준 웃음 뒤에 숨었다

평범한 우리들의 이웃이었던 그가 수배자가 된 건
그의 집안 대대로 내려오는 더러운 피 때문이라고도 하고
그가 그의 오른쪽 귀가 권면하는 말을 의심하고
왼쪽 귀가 전하는 말에 귀를 기울인 탓이라고도 했다
왼쪽 귀가 속삭이는 말에 넘어가지 않기 위해
끝내 자신의 귀를 자른 화가 고흐를 보라

그는 당신과 아주 가까운 거리에 있지만
사실 그를 찾아내기란 쉽지 않다
그는 남의 얼굴을 한 몸 가장 깊숙한 곳에
자신을 숨겨 다니기 때문이다

<
바로 당신의 모습으로 말이다

확성기

원래부터 그의 목소리가 그렇게 컸던 것은 아니었다
모기만 한 소리를 내보았을 뿐인데
그의 목소리는 크고 날카롭게 울려 퍼졌다

사람들은 처음엔 그의 말을 대수롭지 않게 생각했다
의심하는 사람들도 많았지만 반복되는 그의 주장은
아니 땐 굴뚝에 연기 나지 않는다는
오래된 이론에 힘입어
빠르게 입에서 입으로 확대 재생산되어 갔고
신문이나 뉴스에 보도되면서 사실로 굳어지게 되었다

그를 견디지 못하고 빌딩들은 처음에
창문을 닫았다가 정문을 닫았고 마침내
영구 폐쇄를 감행하거나 해외 이전을 시도하기도 했다

오늘도 그는 광장이나 거리나 공장이나
사무실이나 장소를 불문하고 외치고 있다
원하는 게 있다면 그게 정말 간절하다면
목소리를 내어 해결되지 않을 게 없다는 걸 그는
몸소 실천하고 행동으로 보여주고 있는 것이다

처음부터 그의 목소리가
그렇게 크고 날카로웠던 것은 아니었다

그는 사실 자기가 하는 말이 잘 들리지 않아
점점 더 큰 소리를 내었는데
사람들은 그가 입을 열기도 전에
그의 요청을 들어주는 지경에 이르렀고
남의 말을 들을 필요 없는 그의 귀는 점점 퇴화되어
마침내 얇고 커다란 입술만을 가지게 된 것이다

가족

아내가 음료수 페트병을 잘라 만든
칫솔통 안에 칫솔이 옹기종기 모여 있다

칫솔모가 가지런한 새것도
해지고 닳은 것도 보인다

어떤 칫솔은 등을 돌리고 있고
서로를 바라보고 있는 것도 있다

입냄새도 아랑곳하지 않고
입냄새마저 껴안고 있다

생강차

몸살이 왔다고
아내가 끓여준 생강차
어두운 몸이 금세 환해지네
식지 않고 은근히 몸을 데우는 것이
꼭 생강 때문만은 아닐 것인데
오늘은 밤새 신열로 뒤척여도
엎질러지지 않는 생강차 한 주전자
내 안에서 조용히
약불로 끓고 있으리

이사

아내와 얘기하다 손꼽아 보니
결혼하고 이십 년, 여덟 번의 이사를 했다
어림잡아 이년 반에 한 번씩은 이사한 셈이다
지금 집에선 칠 년째 살고 있는데
고약한 이웃을 만나 서둘러 떠난 곳도 있었다
내 짐은 책이 많았고 시집이 대부분이었으나
이사할 때마다 점점 배가 나오고
군살이 붙듯 살림이 늘어나서
시집은 베란다 창고로 시집보낸 지 오래고
앞으로 몇 번 더 이사를 해야 하는지 모르는 일이지만
마지막 한 번의 그 이사는 영영 미룰 수가 없겠는데
그때는 모든 짐을 다 두고 혼자 가야 한다는 것이다
인정도 사정도 없이

발치 拔齒

부분 마취 후
마지막으로 육질이 좋은 사과를 한 입,
크게 베어 무는 소리를 내며 영구치가 뽑혔다
단단하거나 질긴 음식들을 으깨어
나를 빚은 윗 어금니였다

이가 있던 자리에 솜뭉치를 물리는 것은
단지 빈자리를 더듬을
쓸쓸한 혀를 위로하기 위함만은 아니겠다
이가 빠지면 말이 새고
간혹 음식을 씹다
나도 모르게 혀를 깨문 건
함부로 내뱉는 말들을
검열하기 위한 저작咀嚼이었다

이를 악물고 살아온 날들을
되씹어 보는 저녁,
누가 지붕 위로 힘껏 던졌는지
어금니 같은
반달 하나 떠 있다

숨바꼭질

엄마와 아이가
여름 한낮의 대로를 걸어가다
엄마가 불현듯 낮달처럼
골목 안으로 숨는다
혼자 길을 가던 아이
문득 고개를 돌려
엄마를 찾아 두리번거리자
길을 가던 사람들 사라진다
가로수가 뿌리 뽑히고
골목이 지워진다
빌딩들이 무너져 내리고
아이의 검은 눈 속으로
여름이 실종된다

여름 한낮의 대로 위
엄마를 찾는
아이의 두 눈만
홀로 남겨져 있다

나무

밤새
철야 기도하고도
이 아침
두 팔을 벌리고 있다

하늘 더 가까이
허리를 쭉 펴는
맨발들

천사를 본 적이 있다

내가 아주 어렸을 때였어
늦은밤 아버지와 버스를 타고 집으로 돌아가는 길이었지
아버지는 깊이 잠드셨고 창밖엔 집들이 창문을 가리고
골목 안으로 하나둘 숨어들고 있었어
나는 불안한 눈길로 창밖을 바라보고 있었는데
버스 손잡이보다 높은 곳에 있던
한 사내가 내게 허리를 숙여 말했어
"애야 걱정하지 말거라
너는 키가 자라고 나만큼 큰 어른이 될 거야
그리고 머지않아 네 집에 무사히 도착하게 될 거란다"

사내의 말은 이후
내 안에서 자기 말을 잊지 않고 읊조리더니
점점 키가 자라고 생각이 깊어져
처음 보는 이들을 만나게 되었을 때
내 혀에서 내 말이 아닌
가장 동그랗고 상냥한
그 사내의 말을 나눠주게 되었지

사람들은 천사의 날개가
그의 등 뒤에 있다 말하지만
사실 천사들은
그의 말속에 날개를 감추고 있지

내 안에 아직도
그 말이 날갯짓하는 소리가
분명히 들리고 있거든

시인은 죽지 않는다

한 시인의 시집을 모아 보니 열두 권입니다
그 가운데 한 권은 그도 미처 갖지 못한 것입니다
그의 유고遺稿 시집입니다
그가 남긴 시집이
기쁜 소식을 전하던 열두 제자 같습니다

시인은 이윽고 세상의 집을 버리고
시의 집인 시집으로 영원히 주소를 옮겼습니다
이사를 위해 더 이상 짐을 싸지 않아도 되는 그곳에서
시인은 여전히 시를 쓰고 다듬는지
오랜만에 펼친 시집의 행간과 연,
페이지와 페이지,
마침표와 쉼표,
어제와 오늘 사이
분명히 읽을 수 없었던
시구詩句가 눈에 들어옵니다
오래된 시집들이 수상하게
점점 더 부풀고 두꺼워지고 있습니다

한 시인의 시집들을 머리맡에 두었습니다
일생 동안 쓴 그의 시가
비로소 눕기에 적당한 베개 높이입니다
나는 오늘 그의 시집을

다 읽지 않고 덮어 두었습니다
그가 아직 못다 적은 문장을 완성시키기에
좋은 저녁을 기다리고 있겠습니다

민방위훈련

올가미를 던지듯이 들뜬 사이렌이 울렸다
명령의 그늘 밑에 움츠렸던 장갑차들이
텔레비전 뉴스 속보 자막처럼 문득문득
줄지어 거리를 활보하는 사이
서툴게 몸을 숨긴 노점상 안에서
노출된 음모처럼 낮게 우리들은 있었다
숨죽인 기침들이 새어 나왔고
더러 겁먹은 사람들은 조용히 잠든 척했다
차단된 길목의 한 저편
완장을 걸친 사내가
자랑스럽게 끌고 가는 정적
아, 정적 뒤로 마른 그림자들이 서성거렸고 몇몇은
골목과 골목 사이를 더듬어 약속보다
먼저 당도한 시간을 챙겨
거슬러 어디론가 사라지고 있었다
견고하게 일어선 긴장을 풀고
각자의 뜻대로 해산될 것을 알리며
아득하게 쌓여오는 사이렌 소리 속의 한낮
별들은 이미 제 몸을 깊숙이 숨겼고
그 아래 묶였다 풀려가는
너와 내가 살았다

조 화 造花

외곽순환고속도로 구리휴게소
남자 화장실 창가에 꽃 한 송이 있다
청소아줌마가 없는 동안
사내들이 바닥에 흘린 실수들을
지그시 밟고 올라 피어 있다
나면서부터 철이 들어 어른이 되었고
시드는 법조차 배우지 못했으며
제 웃음으로 근사한 향기를 퍼트리거나
꽃봉오리를 넓게 펼쳐 울어본 적도 없지만
무심히 창밖을 바라보다 마주친 사람들
눈 속에 피어 있는 어여쁜 꽃 하나를 바라보는 기쁨으로
몸살이 난 오늘도 고단한 꽃잎들을 데리고
서둘러 창가로 출근해서 앉아 있다

일요일

아내는 빨래를 개고
나는 지난여름의 끝에 넣어두었던
선풍기를 꺼내어 닦고 있다

창문 밖 풍경만 버려두고
모두들 어디론가
망명을 떠난 듯 고요한 오후

일찍 산책을 나갔던
저녁이 언덕을 넘어
어슬렁
집으로 돌아오고 있다

제4부

무소불위 無所不爲

병원 엘리베이터를 타고
내려온 노인이 몇 층인지 세 번을 묻는다
생은 삼세판이라는 듯
세 번째 같은 답을 듣고서야 노인이 내린다
엘리베이터 문이 열리고 닫히고
소아과에서 내과로,
이비인후과와 정형외과를 거쳐
약국을 몇 번 다녀왔을 뿐인데
아이는 소년에서 노인이 되었다
노인이 내리기까지 용케
참고 있던 엘리베이터는 다시
다음 차례를 싣고 내려오기 위해
성급히 문을 닫고
남겨진 노인이 빌딩의 출입구 양쪽
유리문 중 '고정문'이라 적힌 한쪽 문을
주저 없이 밀자 놀랍게도
'고정문'이 고정관념을 깨고
간단히 열린다

죽음은 통과하지 못할 문이 없다

물, 비 그리고 구름의 현상학

지상에서 물방울에 갇혀
말라 죽어가고 있는
동료 구름들을 구출하기 위한
작전 회의가 소집되었다

참모들의 의견들은 분분했다
먹구름이 인상을 찌푸리고
천둥번개가 언성을 높였다
소란스럽던 회의 끝에
최정예 특공대의 투입이 결정되었다

과감하게 잘 훈련된 구름들이
비를 타고 지상으로 낙하하기 시작했다
적의 눈을 피해 새벽에 이슬로 위장,
잠복해 있던 선발대 구름들과 힘을 합쳤다

마침내 물방울들이 터지고
구름들이 물살을 타고
신속하게 탈출을 감행하기 시작했다

탈출에 성공한 구름들은
뭉게뭉게 연막을 피우며 사라져 가고
하늘엔 구름 한 점 없이 맑았다

<
소나기 같았던
한때의 작전이 종료된 것이다

에스컬레이터

아이를 안고 오르던
여자가 추락사한 지점은
에스컬레이터의 계단 끝에서
한 걸음을 더 내디딘 곳이었다
사고의 원인은 쉴 새 없이 계단을 찍어내던
에스컬레이터가 발을 헛디뎌
물렁한 발판을 생산한 까닭이었다
여자는 떨어지는 순간 온 힘을 다해
아이를 무너진 발판 건너편으로 밀어내었다
아이에게 가르쳐 준 마지막 걸음마였다
아이는 무사히 집으로 갔다
여자가 제 안에 접어 두었던 계단을
아이 앞에 한꺼번에 펼쳐 놓았기 때문이다

계단을 모두 펼친 에스컬레이터는 더 이상 오를 곳이 없다

대 화 對話

아이가 물었다

이 꽃은 왜 여기에 있어요?
탁자의 친구란다

그럼 탁자는요?
복도가 외로울까 봐 함께 앉아 거야

복도는 항상 외로워요?
사람들이 걸어오는 발자국 소리로
채워지기 전까지는 그럴지도 몰라

아이가 질문을 하고 답하는 사이
복도의 한쪽 구석에 앉아 쉬고 있던 탁자와
탁자 위에서 꽃인 척하고 있다
깜박 졸다 깬 조화와
저만치 멀리서 창밖을 바라보고 있던
복도가 복도 끝에서 성큼 걸어와
아이의 다음 질문에 귀를 기울이고 있다

유 산 遺産

기침할 때 문득
돌아가신 아버지의 목소리가 들렸다
아버지와 나는 기침 소리가 닮았다

기침은 안간힘으로 살아보겠다는 외침,
아버지는 저세상에서도 나를 가르치신다

평생을 써도 없어지지 않을
기침 소리를 상속받았다

운동

노인 하나가
집 앞 화단
낮은 담을 잡고
팔 굽혀
펴기를 하고 있다

간단히
지구를
들었다
놨다
하고 있다

노인들

노인들은 흘린다
방금 한 이야기를 흘리고
아내의 이름을 흘리고
남편의 이름을 흘리고
자식의 이름을 흘리고
마침내
자신의 이름을 흘려서
아이가 된다

노인들은 흘린다
침을 흘리고
밥알을 흘리고
이빨을 흘리고
지팡이를 흘리고
끝내 자기를 흘린다
흘리고 걸어가며
키가 작아진다
작아지고 작아져서
이윽고
언덕을 넘어서는
흙이 되고 먼지가 된다

보라 저 도시를

노인들이 흘린
먼지로 쌓아 올린
저 거대한 무덤들을

The pen is mighter than the sword

한 시인의 시 낭송회가 열렸다
젊은이들도 모여 성황을 이뤘다
그의 시가 교과서에 실려 있는 까닭이기도 했다
시인들은 영감을 얻으려 자주 그의 시집을 펼쳤다
그의 시는 아름다웠고 그의 외모는
그의 시만큼 **빼어났다**
어떤 이들은 그의 시보다 사실 그를 더 탐닉하기도 했다

그가 사는 나라는 잠시 휴전 중이었는데
나라의 통치자를 뽑는 선거를 얼마 앞두고
특정 후보를 지지하는 성명서에
그의 이름이 올려져 있었다
뭇사람들은 그가 지지하는 후보라면
그의 시처럼 흠모할 만한 사람일 거라 믿었고
마침내 그 후보는 그 나라를 다스리는 자가 되었다
그러나 권좌에 오른 통치자는 즉시 모든 그림책에서
파랑을 제거하고 빨강으로 덧칠했으며
특별히 노랑을 보면 무조건 엎드려 절하라 명령했으나
머지않아 그 통치자는 적군의 수장과
은밀히 내통하는 자로 밝혀졌다
시인이 사는 나라를 적장에게 고스란히 넘겨준 것이다
나라를 잃는다는 건 언어를 잃는 것이니
교과서도 없어지고

모국어로 쓰인 시인의 아름다운 시편들도
결국 읽을 수 없게 되었다

물론 이 이야긴 오래전,
이젠 지도상에서 이름조차 사라진
아주 작은 나라에서 벌어진 일이었고
지금처럼 첨단 과학을 자랑하는 민주화된 시대엔
도저히 있을 수 없는 이야기라 할 수 있겠다

변 신 變身*

1.
원숭이가 다스리는 도시가 있다
그 도시의 주민은 사람이다
영화 '혹성탈출' 이야기가 아니다
비유나 상징은 더더욱,

2.
사람들이 살던 도시가 있었다
어느 날 자고 일어나니 도시는
한순간에 동물원이 되어 있었다
시민들도 원숭이로 변해 있었다
거짓말 같은 사실이었다
도시에선 매일 수컷 원숭이들이
보란듯이 빨간 엉덩이를 내밀고 다녔다
그 도시의 시장을 원숭이로 추대하고 난 후의 일들이었다

3.
암컷 수컷 가리지 않고 흘레하는 원숭이가 있다
이 원숭이가 꿈꾸는 것은 오직 하나,
모든 인간의 원숭이화이다
붉은 엉덩이를 가진 원숭이로의 진화,
말하자면 엉덩이의 적화통일이다
그것은 바나나를 무상 배급하며 시작되었는데
시민들은 그날 이후 모두 원숭이의 울음을 울기 시작했다

바나나가 제 입의 크기에 딱 맞았기 때문이었다

* 변신(變身): 카프카의 동명 소설 제목 '변신'을 차용

별이 빛나는 밤*

여러 번의 제법 큰 충격에도 견디었던 갤럭시폰
낮은 곳에서 툭, 가볍게 떨어졌는데 액정에 금이 갔다

(오, 내가 사소하게 던진 말이 얼마나 많은
사람들의 가슴에 쩌억 금이 가게 했을지)

다른 이상은 없나 갤럭시를 켜니
어두웠던 액정이 환해지고 금이 사라졌다
잠시 후 화면이 꺼지니 다시 보이는 것이다

(그러고 보면 상처는 지워지지 않고 덮이는 것이 아닐까
상처보다 조금 더 밝은 웃음 밑에 숨어 있다
웃음을 그친 어느 날엔가 불쑥 잊었던 얼굴을 내밀어
그 상처의 표정을 다시 오래 들여다보게 하는 건 아닐까)

밤이 모든 사물을 잠시 꺼두고
낮에는 깊숙이 감추고 보여주지 않던
하늘의 상처인 별들을 꺼내어
바람에 닦고 있다

*빈센트 반 고흐의 그림 '별이 빛나는 밤 The Starry Night'에서 제목을 빌려옴

마태복음 6장 34절*

복잡한 생각 같은 빨래들을
세탁기 속으로 던져 넣고
아내가 부엌에서 도마질을 하고 있다

호박을 자르고
당근을 씻으며
하루치의 근심을 정리하고 있다

창가에는
손발을 잘 닦은 말끔한
저녁이 식탁 위에 먼저 앉아
저녁밥을 기다리고 있다

---

*마태복음 6장 34절: 그러므로 내일 일을 위하여 염려하지 말라 내일 일은 내일이 염려할 것이요 한 날의 괴로움은 그 날로 족하니라

21그램

사람이 죽고 난 후 시신의 무게를 재면
살아 있을 때와 21그램의 차이가 있는데
그 줄어든 21그램이 영혼의 무게라고들 한다
나는 영혼의 존재를 믿지만
영혼은 이 세상에 속한 무게가 아니어서
나는 21그램이 임종을 앞둔 사람들이
끝까지 놓을 수 없었던
그 무엇의 무게는 아닌가 짐작해 보는 것이다

이를테면 죽음에 대한 공포의 무게,
사랑하는 이를 두고 떠날 수 없었던 이별의 무게,
누군가를 끝내 용서하지 못했던 증오의 무게나,
미처 지우지 못한 버킷리스트에 대한 미련의 무게,
수전노라면 평생을 모았던 부에 대한 집착의 무게?
아니지 죽음 앞에서 이런 것들이 다 무슨 소용이었을까
모든 것보다 마지막까지 내려놓을 수 없었던,
끝내 놓지 않고 붙들고 싶었던 것은
'나'라 불리는 존재에 대한 무게는 아니었을까?

그러나 그것이 무엇이었든
무엇이라 불리는 것의 무게였든
분명한 것이 하나 있겠는데
죽기까지 악착같이 놓지 못했던 무게,

그걸 놓아야 비로소 하늘에 오를 수 있었던 무게는
21그램에 불과했다는 것이다

천국 영화관

 천국에 영화관이 있다면 가보고 싶어
 밤하늘이 광대한 스크린으로 펼쳐져
 넋을 놓고 관람한 시간이 훌쩍 천 년이 넘을지도 몰라
 영화관에서 가장 많이 팔리는 패스트푸드는 호기심에 먹어보는 '만나'*
 '만나'를 주문하지 않는 이들은 틀림없이 40년 동안 광야를 통과한 이들이거나
 천국에 온 지 제법 된 구약의 사람들일 거야
 연중무휴 인기 상영작은 천국판 '패션 오브 크라이스트'**
 주인공은 카비젤***이 아니라 예수님이 직접 연기를 하셨겠지
 관람객이 전부 암송하는 명대사는 '요한복음 3장 16절'
 무명 배우에서 일약 명품 조연이 된 배우는
 십자가상에서 극적으로 회심한 강도일 거야
 '다 이루었다!'****는 반전反轉의 대사를
 예수님의 떨리는 음성으로 들을 수 있을 거고

 천국 영화관에서는 비로소 읽을 수 있을 거야
 허다한 무리가 간음한 여인을 정죄하는 동안
 당신이 손가락으로 직접 땅에 쓰신 문장을
 매일 저녁노을이 거둬가 아버지의 손 위에 펼쳐 놓은 우리들의 일기장을
 사람들이 붐비는 사거리이거나, 지하철이거나, 시장이

거나, 맨발이거나
  전도자들이 전해준 예수, 그 구원의 이름으로
  이곳에 오게 되었노라 눈물로 고백하는 배우들의 독백을

  생각해 보면 우리는 지금 영화를 찍고 있는 중
  끝이 해피엔딩인 드라마를 연기하는 중
  오늘 우리들의 기도는 모두 천국 영화관의 대사이고
  오늘 우리들의 찬송은 천국 영화관의 배경음악이지
  나는 꼭 가고 싶어 천국에 영화관이 있다면
  내가 그 천국에 들어갈 수만 있다면

* 이스라엘 백성이 광야 40년 방랑 생활 동안 하나님으로부터 공급받았던 특별한 양식
** 예수 그리스도가 십자가에 못 박힌 날 마지막 12시간을 그린, 멜 깁슨 감독의 영화 제목
*** 영화 '패션 오브 크라이스트'에서 예수 그리스도를 연기한 배우 이름
**** 요한복음 19장 30절 '예수께서 신 포도주를 받으신 후에 이루시되 다 이루었다 하시고 머리를 숙이니 영혼이 떠나가시니라'

하나님

시상(詩想)이 떠오르면
한 번에 받아 적으신다
초고가 바로 탈고다
손가락으로 땅바닥에 쓰시고
빈 하늘에 구름으로 쓰시기도 한다
급하면 물 위를 걸어오시며
젖은 발로 쓰신다
이 세상을 시로 창조하신
시인들의 아버지시다

마지막 한마디

임종 직전
가족들이 둘러 있는
침상에 누워
죽음이 코 앞에 와서
내 이름을 가만히 부를 때
마지막으로 입을 벌려
하고 싶은 말이 있다
이 한마디다

"저기 천사가
나를 데리러 왔다"*

*사람은 임종 직전에 영안(靈眼)이 열려 영의 세계를 본다고 한다. 그리고 천국에 들어갈 자는 천사가, 지옥으로 갈 자는 귀신이나 저승사자의 모습을 한 영체가 와서 죽은 자의 영혼을 데려간다 한다.

승천 昇天

금식을 마친 늦가을 나뭇잎들
자기를 내려놓으려 지상으로 떨어진다

관목 나무에 숨어 있던 새떼들
응답처럼 날아오른다

목숨을 다하고 떠나는 것들의
영혼을 보는 순간이 있다

| 시집 해설 |

기울기의 은총에 대한 시적 고찰

임창연(시인·문학평론가)

시란 무엇인가, 혹은 기울기의 언어

시는 언제나 '경계'의 언어였다. 시는 산문과 구분되는 문학의 형식이기도 하지만, 그것은 더 본질적으로 말하자면 세계와 나, 타자와 자아, 현실과 이상 사이에 놓인 '틈'에서 자라나는 문장이다. 한 줄의 시는 의미의 안정된 구획이 아니라, 불확실한 삶의 진동이 언어로 옮겨온 흔들림이며, 그 떨림 자체가 하나의 진실이 되는 예술적 실천이다. 이 시적 실천은 종종 사회적 언어의 질서와는 어긋난다. 시는 문장의 질서를 재배치하고, 의미의 고정된 구조를 해체하면서, 독자에게 새로운 인식의 가능성을 던진다.

그러한 점에서 시는 늘 '기울어 있음'의 예술이었다. 균형을 가장한 허위의 중심이 아니라, 기울어진 언어의 중력에서 시작된 어떤 형식. 한성운의 시집 『비탈에 대한 묵상』은 제목에서부터 이러한 '기울기'를 감지케 한다. 비탈은 곧 경

사이고, 경사는 삶의 무게가 한쪽으로 쏠린 공간이다. 하지만 이 경사는 단순히 불안정함을 의미하지 않는다. 그것은 오히려 새로운 균형의 조건이며, 시적 사유의 시발점이다. 비탈은 곧 존재의 태도다. 허리를 낮추고 무릎을 꿇고, 다시 한번 중심을 되묻는 자세. 이 시집 전체를 관통하는 사유는 바로 그 '기울기의 시학'에 있다.

기울어진 세계는 무너짐을 전제하지 않는다. 오히려 한성운은 비탈에서 '붙잡는 몸'을 본다. 산비탈에서 나무들이 무릎을 꿇듯 붙잡고 버티는 자세, 그 자세는 곧 기도하는 몸의 형상이다. 시인은 이 기도하는 몸이 서로를 지탱하며 하나의 '산'을 형성해 간다고 본다. 시집의 중심 이미지인 비탈은, 그리하여 무너짐이 아니라 '서 있는 다른 방식'을 제안하는 시적 구조가 된다. 바로 이 지점에서 우리는 시론으로서의 이 시집을 다시 읽을 필요가 있다.

시는 자주 신학이나 철학, 혹은 일상의 감성에 종속되어 해석되곤 한다. 그러나 시란 결국 언어의 실험이며, 새로운 세계 인식을 위한 형식적 시도다. 한성운의 시는 그 형식 실험을 경건한 언어로 치환하며, 독자에게 삶의 내밀한 균형을 재조정할 것을 요청한다. 그의 시에는 형식적 과시나 수사의 번잡함이 없다. 대신 단정한 문장, 조용한 이미지, 그리고 무엇보다 '살아본 자'의 말이 있다. 그의 문장은 언어의 끝이 아니라, 언어 이전의 자리, 즉 고요한 삶의 저편에서 건너온 목소리처럼 들린다.

『비탈에 대한 묵상』은 단순히 아름다운 문장의 시집이 아니다. 그것은 한 생애가 경사진 삶을 어떻게 견디고, 그것을 어떻게 문장화했는지를 보여주는 시적 기록이자 존재론적 고백이다. 우리는 이 시집을 통해 문학이 무엇을 할 수 있는지를 묻는 대신, 문학이 어떻게 '버티는가'를 보게 된다. 무너짐의 가능성 앞에서 언어가 발화될 수 있는가. 한성운은 말한다. 발화할 수 있다고. 그것이 기울어진 자의 말이며, 쓰러지지 않고 서 있는 자의 시라고.

이 도입부에서는 먼저 '시란 무엇인가'라는 본질적 질문에서 시작하여, '비탈'이라는 이미지가 한성운의 시 안에서 어떤 시적 구조로 기능하는지를 분석하고자 한다. 이를 통해 그의 시가 단순한 서정이나 감상의 문학을 넘어, 어떻게 존재론적 질문과 윤리적 실천을 담아내는가를 밝히고자 한다. 시는 말의 기술이 아니라 태도의 선언이며, 이 시집은 그 선언의 본보기로서 오늘 우리에게 다시금 시의 가능성을 묻고 있다.

Ⅰ. 경사 위의 존재론 — "비탈"이라는 시적 은유

『비탈에 대한 묵상』은 단순한 제목이 아니다. 한성운 시의 사유 전체를 관통하는 중심 은유이며, 시집의 철학적 좌표이자 존재론적 선언이다. 이 시집의 표제작 「비탈에 대한 묵상」에서 그는 말한다. "비탈과 비탈이 만나 / 산으로 오르는 길을 만들고" 있다고. 두 개의 기울어진 존재가 서로를 지탱하며 길이 된다는 이 시구는 단순한 자연 관찰을 넘어 인간의 삶, 신앙, 그리고 공동체적 연대를 상징하는 풍부한 시적 도식이다.

한성운의 시는 비탈을 '기울어짐' 혹은 '균형 상실'로 인식하지 않는다. 오히려 그 기울어짐 속에서 균형을 찾아가는 신앙의 자세로 본다. 그는 비탈을 견디는 나무의 자세를 통해 기도하는 몸의 형상을 투영하고, 이 기도하는 몸이 모여

산이 되는 모습을 그려낸다. 이는 곧 시인의 문장이 어떻게 형성되고, 언어가 어떻게 하나의 신앙 고백으로 자리잡는지를 보여주는 방식이기도 하다.

> 겨울 산을 바라보다 알게 되었네
> 비탈과 비탈이 만나
> 산으로 오르는 길을 만들고
> 힘겨운 줄다리기를 하고 있다는 것을
> 산등성에 선 나무들이
> 발을 헛디디거나 넘어지지 않게
> 온몸을 뒤로 젖혀
> 단단히 붙들고 있다는 것을
> 산의 가파름만큼 기울어진 그의 몸이
> 사실은 무릎을 꿇고 낮게 엎드려
> 기도하는 자세라는 것을
> 산을 오르다 포기하고 돌아가고 있는 비탈에게
> 잠시 바람에 기대어 쉬고 있던 비탈이
> 먼저 손을 내밀어 산의 계단을 쌓고
> 산 주변을 서성이는 것들의 발걸음을
> 산정(山頂) 가까이 옮기고 저물어
> 별들이 뜨게 하는 것을
> 창가에 서서 오래 산을 바라보다 알게 되었네
> 산이 시작되는 곳에 비탈이 있고
> 산을 오르기 위해서는
> 누구나 비탈에 서야 한다는 것을
> 비탈에 서면
> 비탈이 우리를 데리고

먼 산을 함께 오른다는 것을
 ―「비탈에 대한 묵상」 전문

 이 비탈의 상징은 시집 전체에 걸쳐 변주된다. 「가족」에서는 서로 다른 방향을 향한 칫솔들이 같은 통 안에 머무는 장면을 통해 다양한 삶의 형태와 충돌들이 결국 하나의 묶음된 연대 속에 포개진다는 사실을 암시하고, 「한 손이 다른 한 손을 잡는다는 건」에서는 부부의 손을 맞잡는 순간이 바로 '기울어짐을 지탱하는 행위'로 그려진다. 한성운의 시에는 '평평한' 세계는 없다. 모든 존재는 기울어져 있으며, 이 기울어짐은 시적 사유의 출발점이자 삶의 깊이를 드러내는 장치로 작동한다.

 Ⅱ. 사소함의 신학 ― 일상에 감겨든 영원의 언어

 이 시집에서 독자가 곧잘 숨을 멈추게 되는 순간은 특별히 거대한 사건이나 격정적인 감정 때문이 아니다. 오히려 너무나도 사소하고 일상적인 장면이 문득 심장을 건드릴 때이다. 한성운은 주유소, 세탁기, 칫솔, 밥, 엘리베이터, 심지어는 병원 센서등까지를 시적 이미지로 변환시킨다. 이 이미지들은 사물로서 머무르지 않고, 모두 '의미화된 존재'로 재탄생된다.

 문을 열고 아내가 집에 들어서니
 건망증이 심해진 현관 센서등이
 생각난 듯 아내를 켠다
 아내가 막내를 부르자 TV를 보며 꺼져 있던

나와 큰아들이 벌떡 켜지고
만성비염을 앓고 있는 빨래통이
시원하게 비워지며 세탁기가 켜진다
목감기로 종일 잠겨 있던 수도가 물소리를 켜고
부엌칼이 도마 소리를 후다닥 켜서
주방이 방주처럼 아내를 싣고 둥실 떠오른다
고기 굽는 냄새가 엊저녁부터
다이어트를 결심한 밥솥에 압력을 넣어
따듯한 밥이 밥그릇에 전등처럼 켜지면
빈 의자가 밥 먹자고 부르는 소리에
노래를 듣다 탯줄 같은 이어폰에 감겨
잠들었던 막내가 가장 뒤늦게 켜져
느낌표 같은 숟가락을 저마다 들고
식탁에서 함께 모이는
저녁이 왔다
ㅡ 「아내가 ON 후」 전문

「아내가 ON 후」라는 시는 그 대표적인 예다. 아내가 집에 들어오는 순간 센서등이 켜지고, 빨래통이 비워지며, 수도꼭지가 목감기를 이겨내고 다시 물을 낸다. 이 평범한 가정의 저녁 풍경은 "주방이 방주처럼 아내를 싣고 둥실 떠오른다"는 구절에서 신학적 상상력으로 확장된다. 여기서 아내는 노아의 방주이고, 일상은 신의 구조선이다. 문명이 아니라 가정에서, 교회가 아니라 식탁에서 구원이 실현되고 있다는 이 시적 역전은 경이롭다.

「식사법」은 밥을 '읽는' 행위로, 「마중」은 아내의 그림자가 노크도 없이 그림자로 들어오는 풍경으로 그려진다. 이러

한 장면들은 시인의 존재론적 신앙과 삶 그 자체를 기도와 예배의 연속으로 보는 인식이 바탕이 된 것이다. 밥을 씹는 행위 하나에도 별의 기호가 스며 있고, 빨래를 개는 움직임 속에서도 창조적 리듬이 흐른다.

이런 시편들은 모두 '사소함의 신학'이다. 한성운은 언어를 통해 일상적 사물과 행위를 영성적 체험으로 끌어올린다. 그의 시는 말하자면, 기도보다 더 은밀한 기도이고, 설교보다 더 온유한 설교다. 이 점에서 그의 시는 단순한 서정시를 넘어선다. 그것은 자기 고백이면서도 타자에 대한 전언이며, 동시에 신과 세계를 연결하는 중재의 문장들이다.

Ⅲ. 상실 이후의 회복 서사 ― 기억, 고백, 유산

『비탈에 대한 묵상』에서 특별히 두드러지는 주제는 '상실'이다. 그러나 그 상실은 절망으로 그려지지 않는다. 상실 이후에도 여전히 '남아 있는 것들'의 목록을 작성하는 방식으로 시인은 회복을 이야기한다. 그리하여 이 시집은 죽음, 병, 결핍, 이별, 빈자리들을 겪고도 끝내 "덮지 않은 시집"처럼 계속 열려 있는 생의 문장을 기록한다.

> 사람들은 천사의 날개가
> 그의 등 뒤에 있다 말하지만
> 사실 천사들은
> 그의 말속에 날개를 감추고 있지
> 내 안에 아직도
> 그 말이 날갯짓하는 소리가

분명히 들리고 있거든
　－「천사를 본 적이 있다」 중에서

「천사를 본 적이 있다」는 유년 시절 버스 안에서 어떤 어른이 해준 말이 훗날 자신의 말이 되어 누군가에게 위안이 되는 구조를 통해, 언어가 어떻게 기억되고, 또 다른 생명을 낳는지를 보여준다. 이 시는 상실이 아닌 '전이'에 대한 시편이며, 말이라는 천사의 날개를 통해 존재가 옮겨가는 여정을 시적으로 재현하고 있다.

　시인은 이윽고 세상의 집을 버리고
　시의 집인 시집으로 영원히 주소를 옮겼습니다
　이사를 위해 더 이상 짐을 싸지 않아도 되는 그곳에서
　－「시인은 죽지 않는다」 중에서

「시인은 죽지 않는다」에서는 "시인은 시의 집인 시집으로 주소를 옮겼다"고 쓴다. 죽음을 '거처의 이전'으로 은유한 이 시는 시인 자신의 죽음을 예견하면서도 동시에 시가 계속되는 가능성을 선언하는 장면이다. "시집이 베개 높이가 되었다"는 표현은 죽음마저 시의 안식으로 변모시킨 시적 조율이다. 그는 죽은 자를 애도하지 않는다. 대신, 남은 시들을 더 오래 펼쳐 읽으며 그 죽음을 언어의 깊이로 끌어들인다.

　새는 어디로 날아간 것일까?
　아마 새를 부르는 한 아이가 있었을 거야
　새는 그 아이에게로 내가 놀던

>   그 작은 방울 물고 갔을 거야
>   아이는 사다리도 없이 그 방에 올랐을 거야
>   캄캄한 밤 중에도 새가 노래하는
>   그 방은 마을에서 환했을 거야
>   새의 울음으로 빛났을 거야
>   ― 「엘 콘도르 파사 El Condor Pasa」 중에서

「엘 콘도르 파사」는 가난한 유년의 공간에 새 한 마리가 날아들며 생긴 '작은 공중의 방'을 회상한다. 새는 떠났지만, 그가 물고 온 공간은 독자 안에 살아남는다. 이 장면은 아련하면서도 치열한 회상의 복원이다. 사라진 것들이 떠난 자리를 바라보는 것이 아니라, 그로 인해 생성된 '마음의 방'을 기억하는 것이다.

「무소불위」에서 고정문이 열리는 순간, 상실은 통과 가능한 문으로 전복된다. 이것은 곧 삶과 죽음, 시작과 끝, 언어와 침묵 사이의 경계를 허무는 시적 실험이자 철학적 은유이다. 시인은 고통을 축소하거나 왜곡하지 않고 정직하게 응시한다. 하지만 그 끝엔 반드시 언어의 문장이 자리한다. 이 시집은 그런 의미에서 시를 통한 '상실의 견디기'이며, 끝내 회복의 문장이 된다.

Ⅳ. 언어의 윤리와 신앙의 문법 ― 말과 믿음 사이의 구원 문장들

>   여러 번의 제법 큰 충격에도 견디었던 갤럭시폰
>   낮은 곳에서 툭, 가볍게 떨어졌는데 액정에 금이 갔다

(오, 내가 사소하게 던진 말이 얼마나 많은
사람들의 가슴에 찌억 금이 가게 했을지)

다른 이상은 없나 갤럭시를 켜니
어두웠던 액정이 환해지고 금이 사라졌다
잠시 후 화면이 꺼지니 다시 보이는 것이다

(그러고 보면 상처는 지워지지 않고 덮이는 것이 아닐까
상처보다 조금 더 밝은 웃음 밑에 숨어 있다
웃음을 그친 어느 날엔가 불쑥 잊었던 얼굴을 내밀어
그 상처의 표정을 다시 오래 들여다보게 하는 건 아닐까)

밤이 모든 사물을 잠시 꺼두고
낮에는 깊숙이 감추고 보여주지 않던
하늘의 상처인 별들을 꺼내어
바람에 닦고 있다
 ―「별이 빛나는 밤」 전문

  한성운의 시는 문장의 윤리를 내면화한 시다. 그는 말의 무게를 안다.「별이 빛나는 밤」에서 한 문장의 사소한 파열이 타인의 마음에 남긴 금을 묘사하며 "상처는 지워지지 않고 덮이는 것이다"라고 말한다. 이 문장은 시인이 언어를 얼마나 조심스럽게 다루는지를 보여준다. 그의 시는 결코 소란스럽지 않으며, 침묵을 대체하려 하지도 않는다. 오히려 침묵의 무게까지 문장에 담고자 한다.
  그의 시에는 빈번하게 성서적 문맥과 신학적 이미지가 드러난다.「하나님」이라는 시에서는 '초고가 바로 탈고다'라

고 하며, 신의 창조 행위를 시의 창작으로 유비한다. 이 장면에서 시인은 말의 창세적 힘을 믿는다. 그리고 그것은 단순한 형상화가 아니라 실제적 믿음의 실천으로 이어진다. 시는 그에게 도덕이 아닌 신앙의 문법이다.

「21그램」에서는 영혼의 무게가 죽음 직전까지 놓지 못했던 존재의 집착으로 그려진다. 그러나 그것이 허무주의로 이어지지 않는 이유는, 그의 시가 궁극적으로 '붙드는 것'이 아닌 '내려놓는 것'을 지향하기 때문이다. 붙드는 것은 고통이 되고, 내려놓는 것은 승천이 된다. 이때의 시는 곧 존재의 해방이다.

「천국 영화관」이나 「마지막 한마디」 등 후기의 시들은 종말론적 상상력을 통해 시의 공간을 사후적 신앙의 영역까지 넓힌다. 이 세계는 끝나지만, 그 끝은 침묵이 아니라 '다 이루었다'라는 완성의 고백으로 남는다. 그의 시는 항상 인간의 언어와 신의 언어 사이, 즉 시와 기도 사이에 서 있다. 시인은 구원받은 말의 형태로 우리에게 다가오고, 그 언어는 읽는 이의 영혼에 깊게 닿는다.

한성운의 『비탈에 대한 묵상』은 기울어진 자들을 위한 시집이다. 이 시집은 경사면에서 무릎을 꿇고 기도하듯, 낮은 곳에서부터 의미를 새기고, 가장 사소한 일상을 통해 가장 거룩한 언어로 나아간다. 그가 말한 것처럼, "산을 오르기 위해서는 누구나 비탈에 서야 한다." 이 시집을 읽는 독자는, 비탈에 서 있는 자신을 발견하게 될 것이다. 그리고 그 기울기 속에서 언어가 어떻게 살아나고, 삶이 어떻게 회복되는지를 함께 체험하게 될 것이다.

창연기획시선 018

비탈에 대한 묵상

2025년 7월 20일 초판 1쇄 발행

지 은 이 | 한성운
펴 낸 이 | 임창연
편   집 | 이소정 임혜신
펴 낸 곳 | 창연출판사
주   소 | 경남 창원시 의창구 읍성로 36, 2층
출판등록 | 2013년 11월 26일 제2013-000029호
전   화 | (055) 296-2030
팩   스 | (055) 246-2030
E - mail | 7calltaxi@hanmail.net

값 12,000원
ISBN 979-11-91751-95-6   03810

ⓒ 한성운, 2025

* 이 책의 판권은 저자와 창연출판사에 있습니다.
* 양측의 서면 동의 없이 무단 전재나 복제를 금합니다.